Påfugleblå

15 salmer med fugle og farven blå

Merete Bandak

Påfugleblå

15 salmer med fugle og farven blå

Af samme forfatter

Fra januar til december, 12 månedssalmer 2022, BoD
- 1. bog i serien 'Salmer på vej'

Drik af mit egeblad, 13 salmer om natur, klima og handling 2022, BoD
- 2. bog i serien 'Salmer på vej'

Erantislygten, 18 salmer fra advent til kyndelmisse 2023, BoD
- 3. bog i serien 'Salmer på vej'

Gud, ord og himstregimser, familieoplæsningsbog, 2022, Forlagsgruppen Lohse

Et håb på størrelse med en myg, roman, 2018, Forlaget eksistensen

Salmer i salmedatabasen Salmer.dk

Påfugleblå, 15 salmer med fugle og farven blå 2023, BoD
- 4. bog i serien 'Salmer på vej'

© Merete Bandak 2023
Sat med skriften Bookman Old Style
Forlag: BoD – Books on Demand, Hellerup, Danmark
Tryk: BoD – Books on Demand, Norderstedt, Tyskland
ISBN: 9788743014126

Det myldrer med fugle, i æg, i reder, på kviste og grene, i luften men vist ikke i havet, selv om de jo også findes dér. Og hvilke fugle? Påfugle, gærdesmutter, havørne, viber, hættemåger, grågæs, ænder, og svaler – dem myldrer det med – stæren er der også, og der er vagtelæg og vagtelkyllinger. For ikke at glemme nattergalen, lærken, spurven, bogfinken, en galende hane og to vipstjerter. Der er ganske enkelt fugletrængsel i de femten salmer.
I salmerne findes desuden blåhed. Der findes himmelblå salmer, og en enkelt er påfugleblå. De insisterer på Guds nærvær - i, over, under og gennem alt. Den blå farves symbolik.

1.Påfugleblå
dagen i dag
skyer sejler på himlens tag
Alle der råber
søger og håber
ses af Guds øje
skjult i det høje
spurvens og stjernernes ven

Gud er os nær
påfugleblå
halen udbredt med øjne på
elsker og leder
ofrer og beder
kalder og råber
søger og håber
Han bærer lammet i favn

Påfugleblå
dagen hos Gud
frit kan alle gå ind og ud
Ingen kan skades
ingen forlades
ingen skal flygte
ingen skal frygte
Kom siger Ånden, ja kom!
                    2020

2.Himmelblå, bekymringsløs
stråler livets gave.
Som den kælne hund der kløs
på sin runde mave
hviler menigheden trygt
fredeligt og uden frygt
i sin Herres hænder

En langfredag uvejrsgrum
blev de stærke hænder
naglet fast til korsets bom –
hvor var Herrens venner?
Fugle bygger skjul i træ
huler skaffer ræve læ
Jesus ofres ene

Kærlighedens offer har
evighedens kræfter
Dødens magt blev gjort til nar
ingen mere hæfter
for sin lunkenheds fallit
for sin kuldes mareridt
Kærlighedsmirakel!

Én gang har vor Herres hånd
drejet dødens nøgle
Hvorfor så i frygtens bånd
stadig la sig tøjle?
Tag imod hans kærlighed
lev dit liv i Herrens fred
Døden er besejret!

Universets Herre stor
hvisker til sin kirke:
'Så den gode sæd på jord
JEG vil la den virke'
Himmelblå, bekymringsløs
gå nu blot, ja, spred og øs
gavmild som Gud Fader!
                          2011
Melodi: Blomstre som en rosengård

3.Som stærens elektriske knitren
i trætoppens knopper på kvist
de svarer med frydefuld sitren
nu springer vi, sikkert og vist

Som avnbøgens ringende rakler
blandt småbøges lysende løv
de skinner som omvendte fakler
og tryller med skovluftens støv

Som tårnhøje bøges portaler
fontæner i kobberbrun glans
en verden der lyner og maler
et eventyr, alfer i dans

Som havørnens blafrende vinger
fra skovbrynets skærmende ly
de søger langs skoven med slinger
og fortsætter op ad mod sky

Som skoven når blæsten er borte
og lugten af ramsløg står tyk
og fodtrin af løbende hjorte
får vækket de slumrende myg

Som forår var skabelsens morgen
da Gud så at alting var godt
og ingen endnu kendte sorgen
og vejen til død ubetrådt

Lad foråret fyldes af sommer
Lad sommeren fyldes af høst
Lad efterår fyldes af vinter
Lad alle der mister få trøst
2019

4.Som vagtelæg små
er troen hos mange disciple
Hvordan dog forstå
at ud af så bittesmå æg
kan levende kyllinger pible

En kylling tar tid
at vokse i æggets kabine
umærkeligt blid
at bide af blommen som sol
som troen når Gud vil velsigne

Gør troen til bøn
om varme så ægget kan klække
og Jesus, Guds søn
vil vække de kræfter på jord
som intet fordærv kan forskrække

Giv myldrende liv
giv kaldende kyllinger føde
giv tro og fordriv
den grå labyrintiske tvivl
giv glæde og kærlighed grøde
                    2020

Nattergalens sang

5.Så ubetydelig og lille
så jævn og brunliggrå som støv
Hvis fuglen ikke slog sin trille
gik den i ét med buskens løv

Et brød blir lagt i åbne hænder
så helt almindeligt og nært
og menigheden kraften kender
for øjet skjult, for hjertet kært

Lidt vin blir hældt i hvert et bæger
ja måske bare druesaft
og kirken møder ham som læger
det brudte med sin guddomskraft

Således elskede Gud verden
at han gav afkald på sin glans
Han kendes på sin skjulte færden
en lidt tilfældig hverdagstjans:

At være ven med én der snyder
At vandre land og rige tyndt
At blive hængt som en forbryder
At ende før man er begyndt

Som nattergalens sang i kæret
en himmelsk kreativ sekvens
så ufortjent vi får foræret
en nærhed som en gammel vens:

Og Gud! Vi kender dig på røsten!
'Tag dét og spis det!' I et nu
vi ser dit offer, mærker trøsten
'Tag dét og drik det! Kom i hu!'

Lyslevende du er til stede
I kærlighed du siger: 'Gå
med fred! Og del din himmelglæde
med hver en sjæl du støder på!'

Du sender kirken ud i verden
og du har lovet at gå med
Så åbenbar din skjulte færden!
Ja, åbenbar din kærlighed!
2011

6.Året som skal hælde
vil ikke gå til ro
Græs og brændenælde
blir stadig ved at gro
Gærdesmutten synger
og bøgen springer ud
Klimaskiftet tynger
mon du har set det, Gud?

Herren var min hyrde
den tid er nu forbi
Hver må bær sin byrde
vi holder aldrig fri
Stress er blevet normen
naturen er på speed
Man må holde formen
alt andet er fallit

Herre, vær min hyrde
og lad mig få et hvil
Bær naturens byrde
og lad mig se dit smil
Lad mig sove længe
og klap min trætte kind
Giv os grønne enge
i hjerte og i sind
2014

7.Hør mit hjerte banke
hør mit hjerte slå
modeller min vilde tanke
mal den himmelblå

Giv den ørnens øje
vingeslagets kraft
påskelammets næsefløje
asketræets saft

Giv den liljens længsel
gul som forårssol
giv den korsets bitre trængsel
spyddets spidse pol

Læg den ved dit hjerte
klap den med din hånd
mærket af langfredagssmerte
Fader, Søn og Ånd

Læg den på din pude
påskelørdag lang
rejs med stjernelyn på rude
op til påskesang

Døb den i din kilde
bad den i din strøm
klæd den på til himmelgilde
mere end en drøm

Ikke kun min tanke
tag det hele med
du som lader hjertet banke
ind i evighed

2019

Lærkens sang

8.Jeg elsker dem der bor i telte
der overnatter på en mark
der ikke spænder hjelm og bælte
har nakkehud som furet bark

Som Abraham ham patriarken
der hørte Herrens kald i Ur:
'Forlad dit hus, og bo på marken!'
Det blev en livslang vandretur

Han spejler skyen i sit øje
så grå som vilde gæs på træk
og blåheds dybder i det høje
så ren som første vintergæk

Af sted han går med sin familie
sin kone Sara, ingen børn
Nomaden følger Herrens vilje
mens løftet svæver som en ørn

De kom til Løftets Land som lovet
han fulgtes med nevøen Lot
og tilbød large hvad færre voved:
'Vælg blot det land du finder godt!'

Så valgte Lot da straks oasen
mens Abraham fik Mamrelund
For Lot et Sodoma i fjasen
For Abram ingen stjernestund

Han puster lyset ud for natten
og møder stjerneøjnes glans
Han hører Herren nævne skatten
som sandt og sikkert bliver hans:

'Tæl stjernerne på nattehimlen!
Din slægt skal blive rig som den!
Det blir en vrimlen og en stimlen!
Hold håbet fast, min kære ven!'

Den gamle Sara næste morgen
ser Abrams øjnes stjernelys
Selv kan hun ikke slippe sorgen:
'Det er for sent, vi opgir, frys!'

I Mamrelund får de at vide:
Til næste år I har en søn!
Nu skal jeg ikke mere lide!
er Abrams tanker, Svar på bøn!

Den slags ku ske for længe siden!
Jeg er halvfems, og han er mer!
Gud følger ikke helt med tiden!
Så undskyld mig, hvis nu jeg ler!

Sådan er gamle Saras tanker
Men profetien står ved magt
Så sandt Guds faderhjerte banker:
Det går til sidst som han har sagt

Der går et år, og Isak fødes
I teltet holdes frydefest
De gamle og det nye mødes
Der tændes håb i hver en gæst

Jeg elsker dem der bor i telte
der overnatter på en mark
der ikke spænder hjelm og bælte
har nakkehud som furet bark

Der spiser simpel mad på bålet
i nattehimlens første skær
og synger glad den sang om målet
at mødes med sin hjertenskær

Jeg synger selv den sang om himlen
imens jeg daler ned fra sky
At kende Ham i verdensvrimlen
gir hjertefred, gør dagen ny
                              2012

9.Abraham må fryde sig
i den høje himmel
når han ser i hus, på vej
hvilken herlig vrimmel
af familie han har fået
hvor fantastisk det er gået
Stjernehimlen stråler!

Tak fordi enhver kan frit
blive Guds familie
vugges af hans arme blidt
plantes som en lilje
i Guds skønne kirkehave
vokse frisk ved dåbens gave
under nådens stråler

Som en flok med åbne gab
i sin fuglerede
ventende i fællesskab
og i fælles glæde
pipper vi som svaleunger
der får stillet deres hunger
trofast af forældre

Og som børn af 'troens far'
Abraham, den gamle
vil vi give hvad vi har
ej i lade samle
Dristigt tage Gud på ordet
skabe pladser rundt om bordet
dele med alverden

2011

10.Børneleg og latter
fiskenet og mågeklatter
Pinselyn og flammer
jordbæris og kattejammer

Helligånd og ænder
morgenkys og varme hænder
Kirkeliv og lunger
salmesang og flammetunger

Månelyse nætter
vibeleg og mågehætter
Bølgesprøjt og briller
hindbærbrus og frikadeller

Lys i alle sprækker
ternefjer og æg der klækker
Ingen karantæne
intet dit og mit domæne

Kærlighed og sandhed
hjerteslag og saligt vanvid
Råb fra alle tage
ingen ventetid tilbage

Jesus er opstanden
venter os på himmelstranden
Her og alle steder
ser vi Helligånden træder

Fodaftryk i sandet
jord og himmel sammenblandet
Vekselsang med engle
kirkekaffe, bagerkringle

Jakobsstigen virker
englesang i alle kirker
Tak for pinseånden
gavmildt hældt med venstrehånden
2020

11.Ørnen har så stærke vinger
den kan svæve i det blå
Den har klør som skarpe klinger
der kan fange og kan flå

Løven har en mægtig manke
og et gab med tænder i
Selv en løve kan den banke
1 – 2 – 3 – og så forbi!

Kæmpestor er en gorilla
den kan dunke på sit bryst
Den bor ikke i en villa
træer er dens store lyst

Gud, du kender alle ørne
du gir løven energi
Hver gorilla i hvert hjørne
af din jungle kan du li

En gorilla er jeg ikke
selv om jeg kan spille sej
og få andre ned at ligge -
Jeg kan ikke snyde dig!

Jeg er ikke af de største
men jeg har en mægtig Gud
Når jeg ber er han den første
til at sende hjælpen ud

Far til løve og gorilla
og den vingestærke ørn
tak fordi du altid passer
godt på alle dine børn!
1991

12.Lad bitterhed fare
sæt hjertet fri
Lad skyldnerne bare
gå ram forbi

Hold op med at tælle
lad 5 og 7
for lige blot gælde
Lad fare, flyv!

Tag stenen og slyng den
i bølgen blå
Fang farven og syng den
vend om og gå

Lad regndråber dale
fra sky til jord
Lad Faderen tale
sit gyldne ord

Et regnvejr af nåde
fra himlens bord
forsoningens gåde
til den der tror

Halleluja, amen
for liv og fred
forladelsesflammen
ja, kærlighed
                    2020

13.En bogfinke kalder fortrøstningsfuldt
en hane slår knæk på sin galen
en svale tilfredsstiller ungernes sult
to vipstjerter vipper med halen

Forventningsfuldt sender vi bud til Gud
og tror på de himmelske løfter
i håb om at Gud sender hjælpere ud
forceres de dybeste grøfter

Men håbet kan knække og mod slå fejl
i kredsen om egne reserver
At hægte sig fast med den yderste negl
i jeget gir tyndslidte nerver

At modtage nåde med åbne gab
som svalernes unger i reden
er brødet fra himlen, det opvejer tab
i Jesus er livet og freden

Gud giv os at leve i håb og tro
med frit og taknemmeligt hjerte
og vippende hale fordi vi må bo
i tryghed med glæde og smerte
2020

14.Lad alt blive godt
i hytte og slot
lad alle der frygter det værste
få visdom og trøst
få solskin til høst
få kram af en ven eller kærste

Lad hunde der gør
lad huden der klør
få fred, finde lindring og hvile
Lad bøn blive hørt
lad blind blive ført
ved hånden så hjertet må smile

Lad myggen få bid
lad svalen få tid
at fodre de hungrige unger
Giv græsset at gro
giv tillid og tro
giv glæde og takkende tunger

Lad arm møde arm
lad ryg og lad barm
få varme af flittige hænder
Lad sko finde fod
lad enden bli god
lad fjender bli venner vi kender

Læg fuglen på kvist
og den der er trist
på hjertet en sang de kan synge
der ruller sig ud
i triller til Gud
så grene og engle må gynge

Hver fugl og hver frø
hver sjæl der kan dø
syng tak til vor himmelske skaber
der sendte sin søn
der hører vor bøn
der redder den dårlige taber
                              2020

15.Alt hvad der ånder, alt hvad der lever
guldsmede, larver og dansemyg
ræve og rotter, pindsvin og bæver
lærker og viber med spids paryk
Lovsyng Gud, al skabningen skøn
Tilbed Gud med livet som bøn

Søanemoner, -stjerner, og gopler
krabber og rejer og ålegræs
hajer og havkat, skrubber der bobler
ænder der dykker, en grå flok gæs
Lovsyng Gud, al skabningen skøn
Tilbed Gud med livet som bøn

Skoven og søen, egen på marken
Rosen og liljen i blomsterbed
Katten på taget, hunden i parken
Hesten med rytter på vej af sted
Lovsyng Gud, al skabningen skøn
Tilbed Gud med livet som bøn

Alt hvad der ånder, lever og bæver
lytter og lister og snuser, ser
svømmer og dykker, flyver og svæver
vokser og trives og blir til fler
Lovsyng Gud, al skabningen skøn
Tilbed Gud med livet som bøn

Menneskebarn som dybt i dit indre
bærer hans billede i dit ler
bøj dig og se, lad intet dig hindre
mød kun hans øjne der kærligt ser
Lovsyng Gud, al skabningen skøn
Tilbed Gud med livet som bøn

2021

Melodier

1. Påfugleblå

Tekst: Merete Bandak 2020

Musik: Torsten Borbye Nielsen 2020

3. Som stærens elektriske knitren

Merete Bandak 2019

Torsten Borbye Nielsen 2020

5. Nattergalen

Merete Bandak

Torsten Borbye Nielsen

13 Fm   Cm/Eb   D7(#9)   G(sus4)   G
he - den kraft - en ken - der, for ø - jet skjult, for hjer - tet kært.   3.Lidt
på sin skjul - te fær - den, en lidt til - fæl - dig hver-dags-tjans.   5.At
tjent vi får for - æ - ret en nær-hed som en gam-mel vens: 7.Og
del din him-mel - glæ - de med hver en sjæl du stø - der på!'   9.Du

17 Cm   Fm6/C   G/C   C7
sen-der kir-ken ud i ver - den, og du har lo - vet at gå med. Så å - ben-

rit.
21 Fm   Cm/Eb   Dm7(b5)   G(sus4)   G   Cm
bar din skjul - te fær - den! Ja, å - ben - bar din kær-lig - hed!

6. Året som skal hælde

Melodi: Merete Bandak 2015
Tekst: Merete Bandak 2014

7. Hør mit hjerte banke

Merete Bandak, 2019

Torsten Borbye Nielsen, 2020

9. Abraham må fryde sig

Kristian la Cour, 2021

10. Børneleg og latter

11. Ørnen har så stærke vinger

Melodi: Jesper Madsen

12.a Lad bitterhed fare

Tekst: Merete Bandak

Melodi: Kristian la Cour

12.b Lad bitterhed fare

Merete Bandak, 2020

Torsten Borbye Nielsen, 2021

13. En bogfinke kalder fortrøstningsfuldt

Kristian la Cour, 2020

14. Lad alt blive godt

Tekst: Merete Bandak 2020

Musik: Torsten Borbye Nielsen 2020

15. Alt hvad der ånder

Merete Bandak, 2021

Torsten Borbye Nielsen, 2023

Melodier

Torsten Borbye Nielsen, guitarist, kirkemusiker, komponist og ansat i Areopagos som præst med særligt fokus på spiritualitet, koncerter med trioen Tresafinado og det keltiske ensemble Vindens vej

Kristian La Cour, højskolelærer, Askov Højskole, visesanger og komponist af sange og salmer i Højskolesangbogen, DGI-sangbogen, 100 salmer og Kirkesangbogen

Jesper Madsen,†1999, organist og komponist, ansat ved Klosterkirken i Nykøbing Falster 1982-1997 og ved Vor Frelsers Kirke i Esbjerg frem til sin død som 41årig

Merete Bandak, ordkunstner i al beskedenhed, Nysted

Illustrationer

Stig Weye, maler, Nysted. Har blandt andet udsmykket Grindsted Kirke. 'Studer mine billeder, og du vil kende mig bedre end jeg selv.'
Foto af billede: **Jan Friis**

Hjemmeside og kontakt

www.nyesalmer.org - mebandak@gmail.com

Salmeoversigt

1. Påfugleblå
2. Himmelblå, bekymringsløs
3. Som stærens elektriske knitren
4. Som vagtelæg små
5. Nattergalens sang
6. Året som skal hælde
7. Hør mit hjerte banke
8. Lærkens sang
9. Abraham må fryde sig
10. Børneleg og latter
11. Ørnen har så stærke vinger
12. Lad bitterhed fare
13. En bogfinke kalder fortrøstningsfuldt
14. Lad alt blive godt
15. Alt hvad der ånder